AF337014

NOTICE

SUR

Raymond GAYRARD.

DISTRIBUTION SOLENNELLE

DES PRIX.

(27 août 1858).

Discours de M. de LABONNEFON, directeur.

NOTICE SUR RAYMOND GAYRARD.

Les moralistes anciens et modernes ont écrit et enseigné que l'exemple est encore plus efficace que le précepte. Pénétré d'une pensée si naturelle, Plutarque s'est mis à l'œuvre et nous a décrit, avec une sûreté de coup d'œil qui le place à la tête des biographes de tous les temps, les actions des hommes remarquables de son époque. Nous n'avons aucunement l'ambition de marcher sur ses traces : une telle pensée ne saurait entrer dans notre esprit; mais comme le principe énoncé ci-dessus nous paraît d'une valeur que seize années de pratique dans l'enseignement ont transformée pour nous en un axiôme de morale, nous nous permettrons d'en faire aujourd'hui une application. Puisse votre bienveillante impartialité nous fournir la preuve que nous n'avons pas trop présumé de nos faibles talents.

Si la vie des hommes célèbres a le privilége d'intéresser toutes les classes de la société, nous accueillons avec une plus vive satisfaction la renommée de nos compatriotes. On dirait que nous avons l'espoir secret de les imiter plus facilement que les modèles éloignés ou étrangers, et qu'une partie de leur gloire nous appartient. Il semble en effet que l'on se dise : cet homme de génie a respiré le même air que moi, les mêmes toits nous ont abrités, les mêmes fontaines nous ont désaltérés, les mêmes côteaux ont été témoins des jeux de notre enfance, les mêmes fleurs nous ont prêté leur doux parfum et leurs fraîches couleurs, les mêmes instituteurs nous ont élevés, pourquoi n'aurais-je pas un peu de renommée à mon tour ?

Mais s'il n'est donné à la plupart que l'avantage d'être fiers des œuvres de leurs compatriotes, s'ils ne peuvent être des hommes de génie, il leur est facile à tous de pouvoir se dire : je n'ai rien négligé pour devenir probe, honnête, sincère, et l'estime de mes concitoyens me prouve que j'ai réussi. Il est une classe d'hommes que la Providence conduit par des voies spéciales, en dehors des sentiers battus. S'il ne nous est pas possible de les suivre dans l'essor de leur génie, nous pouvons, je le répète, nous enorgueillir de la gloire qu'ils procurent à notre pays ; et, en second lieu, nous devons imiter les vertus privées, et quelquefois même les vertus publiques dont ils nous ont donné l'exemple. C'est ce que nous tâcherons de faire envers M. Raymond Gayrard dont le souvenir est si palpitant d'intérêt parmi nous. Des plumes autrement exercées que la nôtre préparent une biographie pleine d'érudition et de détails précieux. Mais si les notes que nous allons soumettre à votre appréciation bienveillante ne sont pas trop indignes de la mémoire du plus grand artiste de notre vieux Rouergue, nous serons heureux d'avoir apporté notre petite pierre à l'édifice que la Société des Lettres et Arts de Rodez lui élève, par les mains de M. Duval, un de ses membres les plus recommandables.

M. Raymond Gayrard était le fils aîné d'un honnête et laborieux fabricant d'étoffes. Il naquit à Rodez, le 25 octobre 1777, dans une vaste maison située au boulevard des Ecoles, à l'angle de la rue d'Emboyer. Elle appartient à M. Aiffre, son neveu, peintre distingué, qui fait honneur à sa ville natale. Dès l'âge de sept ans, le jeune Raymond fut envoyé à l'Ecole des Frères de la doctrine chrétienne. Il s'assit sur les mêmes bancs que vous, mes bons amis, et comprima la vivacité, la pétulance de son esprit et de son caractère pour mieux obéir à ses maîtres. Il fut un bon écolier et devint plus tard un bon citoyen. Vers l'âge de dix ans, le jeune Raymond fut envoyé au collége royal, où il se distingua parmi ses nombreux condisciples. La révolution, qui ruina tous les établissements publics et privés, mit un terme à ses études.

M. Gayrard père était un homme de mœurs austères et patriarchales. Il voulait que son fils devînt un fabricant comme lui ; mais la mère, femme d'un esprit élevé, rêvait pour le jeune Raymond les palmes d'une glorieuse renommée. La voyez-vous, mes amis, cette grande et noble figure, écoutant avec bonheur les lectures de son fils et l'interrompant pour lui dire : mon enfant, vous êtes intelligent, vos essais me font espérer que vos doigts seront habiles à manier le ciseau ; soyez artiste. Et la figure du jeune garçon s'illuminait du reflet éclatant du génie ; il lui répondait : votre désir sera accompli, ma mère, je serai artiste. Alors vous eussiez vu cette bonne mère attirer à elle la blonde tête de son fils et pleurer de joie en l'embrassant. Qui de vous, mes amis, ne se sentirait capable de quelques efforts vers l'étude et le bien, s'il a pour perspective les doux embrassements et les larmes de bonheur de sa mère ! Ah ! mes chers enfants, puisque le ciel vous a conservé une mère, cet ange tutélaire qui veille à votre chevet et qui ne respire que pour vous éviter les soucis et les peines de l'existence afin de vous en laisser toutes les joies, faites donc avec amour toutes ses volontés, parce que vous obéissez à Dieu même et que vous vous préparez ainsi les plus grands motifs de bénédiction.

Le vœu de la mère Gayrard fut accompli : son fils fut placé en qualité d'apprenti graveur chez le sieur Valière, orfèvre de la place du Bourg. Les premiers essais du jeune Raymond causèrent une agréable surprise. La netteté et l'élégance de son burin lui firent confier la gravure d'un grand nombre de cachets que l'on envoyait auparavant à Toulouse. Les succès du jeune artiste le flattaient d'autant mieux que sa bonne mère en était heureuse et fière. Lorsqu'il avait gravé un objet avec toute la perfection dont il était capable, il accourait auprès d'elle pour lui faire partager son bonheur.

Cependant le jeune Gayrard n'avait pas oublié ses camarades d'école. Tous les dimanches on les voyait courir ensemble et livrer au souffle des vents les boucles ondoyantes de leur chevelure. Raymond était toujours vêtu avec une certaine recherche qui lui valait le surnom d'aristocrate de la part de ses amis ; mais comme il était bon, en même temps que vif, espiégle, prompt à la répartie et très-habile à toute sorte de jeux de société, cette épithète lui était adressée sans malice aucune et tous étaient heureux de sa présence. Mais les années s'écoulent tantôt dans le travail, tantôt dans les douces causeries du foyer domestique. Raymond a près de dix-neuf ans ; il est soldat de la République et va porter dans les camps l'activité qui le dévore. Il partit comme volontaire dans la compagnie Ruthénoïse, dont M. Cabrol était capitaine. Dans l'intervalle des combats, il sculptait les anneaux d'or destinés à retenir les boucles de cheveux des officiers. Son habileté dans ce genre de travail et surtout son caractère d'une gaîté toute française lui valurent l'amitié et l'estime de ses chefs.

Notre artiste fut blessé à la glorieuse bataille de Zurich que Masséna gagnait sur les Autrichiens et les Russes après douze jours d'une lutte effroyable. Gayrard suivit Masséna dans la ville de Gênes et prit part à son héroïque défense. Il fit ensuite partie d'un corps d'armée placé sous le commandement du général Soult et se distingua à la victoire de Marengo, que Napoléon, revenu depuis peu de son expédition d'Egypte, remporta sur les Autrichiens. Blessé de nouveau, il quitta le service à la paix d'Amiens et reprit le ciseau dans les ateliers de MM. Odiot, Boizot, etc., à Paris. Peu d'années après, il revint à Rodez où il eut la douleur de perdre ses parents. Il se fit remarquer dans l'atelier d'un orfèvre habile de la place de Cité, qui estimait sin_gulièrement les œuvres du jeune artiste. Après cinq ans d'un labeur tranquille, il rentra à Paris et fut admis au nombre des élèves de M. Geoffroy, si connu par les amis des beaux-arts. Quelque temps après, il prit place parmi les disciples les plus distingués de M. Taunay, graveur d'un talent incontestable. Une circonstance particulière lui valut la protection de l'Impératrice Joséphine qui avait apprécié tout le mérite d'un camée ciselé avec un goût exquis. M. Gayrard devint à la mode et dès ce moment il marcha à pas de géant dans sa carrière artistique. Pendant plus de quarante ans, tous les salons français ont été enrichis de ses œuvres. Notre intention n'est point de le suivre pas à pas dans la production de ses ouvrages, dont le nombre et la valeur sont inappréciables. Nous ne parlerons de l'artiste que pour donner un corps à cette courte notice et nous considérerons l'homme privé surtout, nous contentant de dire un mot en passant sur les travaux d'art qu'il nous a été donné de contempler avec un respect filial.

M. Gayrard exposa, en 1819, sa première statue. On la voit aujourd'hui au musée de Rodez, où elle occupe une place honorable. Elle représente le dieu Cupidon blessé par une de ses propres flèches. Notre artiste inaugurait dignement son entrée dans le domaine de la statuaire. Le caractère plein de grâce et d'élévation que l'on remarque dans ce délicieux enfant a toujours formé la marque distinctive du talent de notre compatriote. Toutes ses figures sont, en général, remarquables par une élégance et une suavité de forme qui nous reporte aux plus heureux jours de la sculpture. Mais pardon, Messieurs, j'oubliais que je parle devant des hommes habitués à juger des œuvres d'art et que ma faible voix ne peut dire la beauté des travaux du plus grand artiste de notre pays.

M. Gayrard ne s'était livré jusques-là qu'à la gravure en médailles qui a toujours été la partie la plus saillante de son génie. Après cet heureux essai, il fit un grand nombre de statues et de bas-reliefs qui ont obtenu les suffrages des maîtres et les honneurs de nos expositions artistiques. M. Duval nous fera connaître la liste si intéressante des succès de notre illustre compatriote. Permettez-moi seulement de vous dire que M. Gayrard a gravé plus de 250 médailles de toute grandeur, dont un nombre assez considérable figurent à notre musée. Qui de vous, Messieurs, n'a admiré la pureté et la noblesse de ses Vierges? Celle de notre cathédrale entre autres est d'une si ravissante beauté qu'elle nous fait penser involontairement au ciel.

Le ciseau de M. Gayrard nous a conservé les traits de plusieurs Aveyronnais remarquables. Qu'il me soit permis de parler de M. de Frayssinous, qui a dérobé dans ses écrits une partie des grâces de Fénélon ; de Lebon, dont la générosité est devenue proverbiale ; du général Béteille, le glorieux balafré ; du général Tarayre, qui avait assisté à plus de trente batailles et que ses talents militaires et administratifs placent au premier rang des illustrations de notre pays ; de Mgr Giraud, qu'il suffit de nommer, et de tant d'autres.

M. Gayrard fut nommé graveur des rois Louis XVIII et Charles X. Les médailles commémoratives des principaux événements accomplis sous la Restauration sont dues en grande partie à son burin. Depuis cette époque, les honneurs et les dignités sont venus trouver notre compatriote dans son atelier. Membre de l'Institut et de plusieurs sociétés de savants et d'artistes, chevalier de la Légion-d'Honneur, de l'ordre du Mérite de Prusse et de l'ordre royal de Saint-Lazare de Sardaigne, il est toujours resté le même, c'est-à-dire simple et modeste. Il oubliait avec le moindre de ses concitoyens, que les rois de France, de Prusse, de Sardaigne et de Bavière avaient tenu à honneur de poser devant lui.

Depuis quelques années, M. Gayrard avait uni sa destinée à Mlle Mélanie Camboulas, de Saint-Geniez-d'Olt, dont les vertus et la beauté remarquables l'avaient captivé. Tous les jeunes Aveyronnais que leurs études ont appelés au sein de la capitale, ont trouvé en Mme Gayrard une véritable mère : c'est assez dire. Son salon était ouvert à tous ses compatriotes qui trouvaient l'occasion d'y rencontrer les hommes les plus éminents dans les arts, les lettres et les sciences. Femme d'un grand cœur, douée d'un tact exquis, de connaissances solides et variées, rien ne saurait égaler l'empire qu'exerçait cette dame aimable sur tout son brillant entourage, rien, si ce n'est peut-être sa modestie parfaite. Nous avons eu occasion d'en être témoin nous-même, et lorsque nous nous rappelons ces précieuses qualités, pourquoi faut-il que notre cœur saigne et que nous soyons obligé de dire que celle qui guidait les pas des jeunes étudiants de notre pays, que celle qui éloignait de leur cœur les séductions qui les attendent dans cette ville immense où l'on trouve tous les vices pêle-mêle avec les plus héroïques vertus, que cette mère tendre et dévouée n'est plus de ce monde! Mais ce qui nous console, c'est que sa vie si chrétienne lui a valu une glorieuse place dans un monde meilleur, et que ses enfants se font un pieux devoir de marcher sur ses traces. Pardon, mes jeunes amis, de m'être laissé entraîner par la violence de mes sentiments de respectueuse et filiale reconnaissance : vous avez une mère, vous l'aimez, vous pouvez alors me comprendre et je n'ai plus besoin d'excuse.

La révolution de 1830 ruina les plus chères espérances de M. Gayrard. Il venait de mettre la dernière main à une statue colossale de Samson, qu'il regardait comme son chef-d'œuvre, et que Charles X lui avait commandée. Nous l'avons vue dans son atelier et nous l'avons trouvée d'une énergie et d'une beauté remarquables, en venant même de contempler les œuvres sublimes que le Louvre renferme dans ses somptueuses murailles. De plus habiles que nous ont émis une semblable opinion; aussi avons-nous l'espoir que le Conseil général de l'Aveyron voudra bien ne pas laisser à d'autres villes que Rodez l'honneur de posséder l'œuvre capitale de notre grand artiste. M. Gayrard aimait la gloire, mais comme le veulent les hommes de génie , c'est-à-dire cette gloire pure comme un rayon de soleil, que l'on n'a jamais marchandée , mais bien conquise par des œuvres d'un éclatant mérite. S'il nous arrivait de lui dire qu'il était un grand artiste, que ses statues et ses médailles étaient pour la plupart des chefs-d'œuvre : Mon ami , nous disait-il, si l'on croit du mérite à quelqu'un , on doit·se contenter de le penser et ne jamais le lui dire ; nous sommes tous hommes et par conséquent faibles ; mais Dieu m'a fait la grâce de ne jamais succomber à des pensées d'orgueil ; je fais de mon mieux et voilà tout.

M. Gayrard montra bien que son cœur était inaccessible à l'orgueil, puisqu'il refusa le titre de baron que le roi Charles X lui offrait spontanément. Sire, lui dit-il, ce titre n'ajouterait rien à mon peu de mérite et m'obligerait à sortir de la simplicité qui fait le fond de mon existence. Mme Gayrard fut du même avis : ces deux belles âmes étaient faites pour se comprendre.

M. Gayrard était artiste jusqu'au bout, et rien ne pouvait l'empêcher de se livrer à ses chères occupations. Il avait le talent d'abréger les visites importunes; mais il s'en excusait de si bonne grâce , il savait si bien se faire pardonner son peu de goût pour la représentation qu'on était obligé de se dire qu'un homme peut garder une parfaite liberté d'allures et de travail sans rien perdre de son exquise urbanité.

Rodez a revu plusieurs fois son artiste de prédilection. Le fronton du palais de justice ou le baptistère nous ont valu deux visites qui n'ont point été infructueuses pour le musée de sa ville natale. Nous pouvons même dire , sans porter atteinte à la générosité des autres donateurs, que M. Gayrard est celui qui s'est montré le plus large dans ses dons. Comme ses enfants marchent sur les traces de leur illustre père, tout nous fait espérer que notre ville s'enrichira de nouveaux chefs-d'œuvre du même maître.

M. Gayrard nous a dit bien des fois qu'il avait l'habitude de fixer le caractère de ses œuvres dans quelques vers de sa composition. Nous lui avons souvent entendu réciter des pièces d'une si vive originalité qu'elles nous rappelaient involontairement les épigrammes de nos meilleurs écrivains. Il est à regretter que sa modestie ne lui ait point permis de les livrer à la publicité. Malheureusement, presque toutes ces vives et gracieuses pensées n'ont été déposées que dans sa mémoire ; aussi sont-elles sans doute perdues pour nous. Voici un petit spécimen que nous considérons pieusement comme une relique échappée au naufrage :

> Quelques flatteurs m'ont dit que j'animais l'argile,
> Que l'acier fut toujours à mon burin docile
> Et que sous mon ciseau le marbre froid vivait !
> Sans croire à ces discours, mon cœur s'en délectait.
> Dois-je vous l'avouer ? La louange m'enflamme.....
> C'est elle qui séduit, qui subjugue mon âme !
> Pour elle, jeune encor, j'ai quitté le repos,
> Et, dès la paix d'Amiens, laissé là les drapeaux.....
> Aux arts, avec ardeur, j'ai demandé la gloire ;
> Le talent vient du Ciel et non de la mémoire.....
> Invente, me disais-je, invente et tu vivras,
> Je l'ai fait. Parfois j'ai réussi, mais hélas !
> Tout s'use, tout s'éteint, et la froide vieillesse
> Vient blanchir mes cheveux et calmer mon ivresse.
> Je suis un vieux lutteur fatigué de combats ;
> Sur ce qu'il est, pour Dieu, ne jugez pas mon bras.....
> A quiconque voudrait me faire cet outrage,
> Je cite mes travaux et j'indique mon âge !

Il serait bien cher à notre cœur de faire avec vous une visite pleine d'un respect filial aux œuvres de notre grand artiste. Nous ne possédons personnellement que trois objets d'art dus à son ciseau ; nous les soumettons à vos regards empressés comme une marque de notre sincère admiration pour le talent de l'artiste et de notre vif et respectueux attachement pour sa famille. C'est à l'âge de quatre-vingts ans que M. Gayrard a terminé la petite baigneuse. Sa signature vénérée nous rend cette statuette doublement chère. Il est peu d'hommes qui, comme lui, aient conservé toute la grâce et la vigueur du ciseau dans un âge aussi avancé. Si la mort ne nous avait enlevé notre illustre compatriote, nous pouvions espérer de nouvelles et grandes œuvres de sa main. La médaille commémorative des eaux de Vors était ébauchée. Il est bien malheureux que ce monument du plus utile et du plus grand ouvrage qui ait été construit depuis trois siècles et qui seul suffirait pour immortaliser les noms de M. Rozier, notre excellent maire ; de M. Lunet, qui le premier a eu l'honneur de proposer les eaux de Vors ; de M. Romain, qui a exécuté des travaux gigantesques avec une habileté qui n'a d'égale que sa modestie ; il est fâcheux que cette médaille n'ait pu recevoir son dernier coup de burin.

M. Gayrard aurait pu laisser une fortune considérable : il a préféré à l'or une réputation de générosité parfaite. Tous ceux qui l'ont connu, ont recueilli de sa main des statuettes ou des médailles de prix. Ce désintéressement, si rare à notre époque, est un fleuron de plus à sa couronne.

Mes bons amis, permettez-moi de me résumer en quelques paroles. M. Gayrard a été comme vous un simple élève des écoles primaires. Son amour pour le travail et l'étude ne l'ont pas quitté un instant de sa vie. Il aimait ses parents avec toute la chaleur d'un cœur excellent ; il respectait ses maîtres et avait gardé de leurs soins un touchant souvenir. Devenu soldat par la force des événements, il versa son sang pour notre belle patrie , la plus glorieuse de toutes , le plus beau royaume après celui du ciel , disait un grand écrivain. Chrétien modèle , il n'eut aucune peine à remplir ses devoirs religieux , ce qui augmenta encore l'estime que nos rois lui accordaient. Lorsque la renommée vint ceindre son front d'une auréole de gloire , il en fit hommage à son pays et voulut l'enrichir de ses plus belles conceptions. Il n'hésita pas à sacrifier une partie des sommes qu'il était en droit d'exiger, afin de permettre à sa ville natale l'acquisition de plusieurs de ses œuvres, entre autres de la belle Vierge de notre Cathédrale. Attiré à Rodez par les travaux du fronton ou du baptistère , il revoyait son pays avec une profonde émotion , nous répétant cet adage patois :

Roudas et roudorès, qu'o Roudés tournorés.

Il accueillait ses anciens camarades sans acception de fortune. Il embrassait avec la même cordialité l'opulent financier et l'humble carillonneur de Saint-Amans qui pleurait de joie en revoyant son cher *Raymondet*. Il s'informait avec une bonté paternelle de tous , grands et petits , riches et pauvres. Si quelqu'un était dans la gêne , sa main s'ouvrait discrètement et il savait épargner même la peine de demander. M. Gayrard oubliait seul les palmes qu'il avait remportées dans les concours de Turin et de Londres, où , à l'âge de plus de 70 ans, il avait obtenu un premier et un second prix sur tous les graveurs de l'Europe.

Enfin , la mort le priva d'une épouse que les pauvres ont tant pleurée et dont le souvenir est si cher à tous ceux qui l'ont connue. Ce fut un coup mortel pour notre artiste ; jusques-là sa santé s'était maintenue malgré son grand âge et des travaux incessants. Frappé au cœur par une perte si cruelle et si peu attendue (Mme Gayrard avait à peine 60 ans), il déclina rapidement vers la tombe et mourut le 4 mai dernier, vingt-neuf jours après la douce compagne de sa vie. Mais si Gayrard est mort, son nom est immortel et passera à nos arrière-neveux, en même temps que son noble caractère est le plus précieux héritage qu'il laisse à ses trois enfants.

Je ne veux point retarder plus longtemps votre légitime impatience et celle des pères et mères qui viennent applaudir à vos succès. Je me hâte de céder la parole à cette voix sympathique et chère que vous avez entendue tant de fois. Vous savez qu'une allocution de M. le Maire est une heureuse fortune pour les amis des *bonnes lettres*, comme disaient les anciens : une année scolaire, où comme d'habitude vous pouvez revendiquer une large part des succès obtenus dans les examens, ne pouvait avoir de plus heureux dénoûment.

Qu'il me soit permis de remercier, au nom des maîtres et des élèves de l'Ecole supérieure, les autorités civiles, ecclésiastiques et militaires qui ont bien voulu rehausser l'éclat de cette fête de la jeunesse. Leur présence au milieu de nous et l'intérêt qu'ils veulent bien nous porter est la plus précieuse récompense de nos efforts dans l'accomplissement de notre tâche pleine de fatigues, mais grande et noble.